La niña a la que se le vino el mundo encima

GABY PÉREZ ISLAS

La niña a la que se le vino el mundo encima

Diseño e ilustración de portada: Alma Núñez y Miguel Ángel Chávez / Grupo Pictograma Ilustradores
Diseño de interiores: Alejandra Espinosa
Ilustraciones de interiores: Mike Polonsky

© 2017, María Gabriela Pérez Islas

Derechos reservados

© 2017, Editorial Planeta Mexicana, S.A. de C.V.
Bajo el sello editorial DIANA M.R.
Avenida Presidente Masarik núm. 111, Piso 2
Polanco V Sección, Miguel Hidalgo
C.P. 11560, Ciudad de México
www.planetadelibros.com.mx

Primera edición en formato epub: febrero de 2017
ISBN: 978-607-07-3803-6

Primera edición en formato impreso: febrero de 2017
Vigésima séptima reimpresión en este formato: agosto de 2024
ISBN: 978-607-07-3764-0

Impreso en los talleres Impresora Tauro, S.A. de C.V.
Av. Año de Juárez 343, Colonia Granjas San Antonio, Iztapalapa
C.P. 09070, Ciudad de México.
Impreso y hecho en México – *Printed and made in Mexico*

ÍNDICE

De todas las historias del mundo, para mí
la más hermosa es la de los Tres Reyes Magos.
Uno de ellos me ha traído inspiración: Bernardo.
Eduardo me trajo la alegría de su amor y el tercero,
Luis Alberto, su sabiduría.

Luis, mi amor,
tu bondad es la estrella que nos guía a todos.

Mami,
me lleno la boca de decir tu nombre
y saber que conoces esta historia.

Prólogo

Cada vez que alguien me pregunta para qué escribo libros si los libros están a punto de morir, le doy las gracias. Sin darse cuenta, esa persona está asegurando que, de alguna manera, los libros son algo vivo. Eso es lo primero en lo que pienso cuando leo a Gaby Pérez Islas, Gaby Tanatóloga, ya que con ella, las palabras de repente brincan de un lugar a otro sin avisarnos y ¡tómala!, nos dan una sacudida al corazón o nos cierran de repente la garganta. Libros así son los que valen la pena leerse, pues nos recuerdan que detrás de las páginas está alguien capaz de poner por escrito lo que nosotros ya sabíamos, o intuíamos, pero que no habíamos articulado. Los libros siempre serán una maravillosa opción para conocer nuevas y diferentes formas de pensar que pueden ayudarnos a ver la vida diferente.

¿Cuántas veces nos hemos topado con un libro que asegura que nos va a cambiar la vida? Lo que yo siempre digo es: ¡Cuidado con todo lo que se anuncie como una aspiradora! En cambio, libros como los de Gaby Pérez Islas —este ya es el cuarto— no pretenden darnos soluciones mágicas para todo, sino regalarnos un nuevo vocabulario para que nosotros completemos nuestros propios enunciados. Eso ocurre en *Cómo curar un corazón roto* (2011), *Elige no tener miedo* (2013) —que presentamos juntos en la FIL Monterrey—, y *Viajar por la vida* (2015), obras que al final de cada capítulo dejaban un espacio de reflexión para que el lector sacara la pluma y completara los ejercicios. Sólo así, parecía decirnos Gaby, se cierra ese círculo tan íntimo que es la lectura sobre la vida propia. Sus libros, conferencias, participaciones en radio y sus conocidos "Tanatotips" en YouTube son una plática uno a uno con Gaby que, desde su escritorio, nos habla sobre "la vida". ¡La vida es para los vivos!

Admiro a mi amiga Gaby Pérez Islas por esa capacidad que tiene para hablar de temas trascendentes de una manera coloquial, con valor y una facilidad que solamente puede ser expresada cuando se habla desde el alma, desde el corazón. Gaby se atrevió a hacer algo distinto. En esta ocasión nos presenta *La niña a la que se le vino el mundo encima*; ahora el libro es un cuento largo o una novela corta. En este caso no hay líneas en blanco, sino puntos suspensivos. Ahora nos toca a nosotros averiguar de qué se trata esta historia; qué nos dice, aunque no seamos niños, porque a todos en algún punto se nos ha venido el mundo encima.

Sería un gravísimo error si les contara de qué se trata la historia, pero también sería imperdonable que no les dijera que me atrapó desde el primer momento, me llevó en una montaña rusa y, cuando me bajé, quise volver a subirme aunque tuviera que repetir la fila. Solamente voy a decir que ésta es quizá una de las mejores maneras para acercarse a la Tanatología, esa palabra que a todos nos mueve un poco el tapete.

¿A qué nos referimos cuando decimos Tanatología? Gaby Pérez Islas lo ha explicado muchas veces: aunque la palabra venga del griego y parece que habla sobre la muerte, las palabras se mueven y son caprichosas. La Tanatología ni es griega ni habla de la muerte, sino de la vida. De cómo vivir nuestra vida de una manera más plena, cómo soltar los obstáculos que entorpecen nuestro camino en lugar de ayudarnos a construirlo, cómo enfrentarnos al dolor y a las pérdidas y cómo responder cuando de repente se nos viene el mundo encima.

El mejor ejemplo está en Karen, la protagonista de este libro maravilloso, quien nos demuestra que, con la actitud correcta, hasta una niña es capaz de sostener el peso del planeta y, después, tenerlo en la palma de su mano.

Lector: te quiero invitar a que vivas esta gran aventura y que disfrutes un excelente libro que te cautivará de principio a fin.

Dr. César Lozano

Escritor, conferencista, conductor

de radio y televisión.

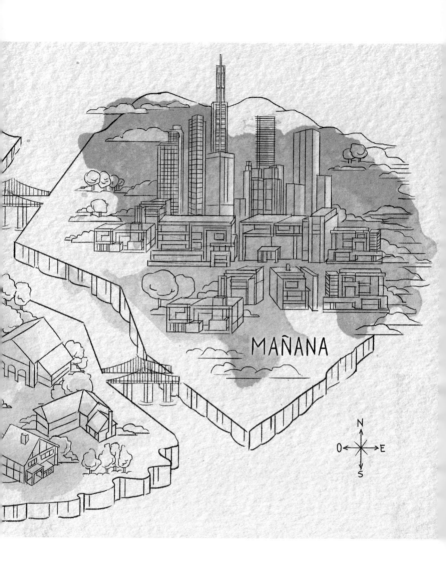

MAÑANA

Un don especial

Estás a punto de comenzar a leer una historia que inicia en el papel y acabará inserta en tu vida. Te pido como narradora que te dejes envolver por estos eventos mágicos, que despiertes a esa niña o a ese joven que aún vive en ti y te permitas sentir de nuevo. Lo que aquí encontrarás lo has buscado siempre.

Siempre es una palabra de siete letras pero muy, muy larga. Tan larga, que nadie alcanza a verla por completo. Otras palabras, como adiós y perdón, son mucho más cortas y más fáciles de visualizar.

Karen, la protagonista de esta historia, es una niña de tan sólo 14 años con un don muy especial. Ella puede ver palabras; pero no las escritas en un texto, como cualquiera: ella las ve impresas en la cara de las personas, en los hechos mismos o en las cosas. Si conoce a un adulto y lee en su cara *Desconfía*, no se acerca. Si se topa con un perrito callejero y lee en él *No me toques*, hace caso de esa advertencia y lo deja pasar sin una caricia.

Esta extraña habilidad la descubrió en su vida tan pronto como conoció el mundo de las letras. En la escuela apenas le enseñaban a delinear los trazos de las vocales y ella ya podía verlas escritas en las cosas. E en un escalera, A en su abrigo, O en un osito de peluche y así con todo. La vida empezó a tornarse un extenso y divertido libro que ella podía descifrar con bastante facilidad.

Como pasa con los atributos especiales, quien los posee piensa que todos pueden hacer lo mismo. Ella creía que sus compañeros veían las mismas letras y luego palabras escritas por todos lados. No había manera de sentirse sola cuando en su cama leía *Paz*, y en su almohada, *Dulces sueños*. Pero poco a poco fue dándose cuenta de que a los demás no les ocurría esto y, ante la cara de extrañeza de sus amigas cuando ella les hacía ver el maravilloso letrero que ciertas maestras tenían sobre la cabeza, Karen dejó de contarlo y sacrificó la emoción de compartirlo a cambio de algo que también le resultaba muy importante: pertenecer al grupo. Esto lo hacen muchos jóvenes, niños o niñas que esconden lo extraordinarios que son para parecerse a los demás y camuflarse entre los colores grises del grupo social. El precio de esconder quién eres es muy alto; se paga con soledad, con incomprensión y con muchos nudos en la garganta formados de palabras que se ahogan por no poder salir.

Karen, que era una niña de una alegría contagiosa e irresistible, poco a poco fue resbalándose en un mundo de silencio y duda. Ya no sabía si cuando leía un libro las palabras ahí expuestas eran las accesibles a todos o eran sólo los mensajes que ella intuía. Se volvió callada y más introvertida, pero sus padres no le dieron importancia, pues atravesaba por esa etapa que es conocida como la adolescencia y durante la cual toda muestra de rareza resulta normal.

Les contaré un poco más acerca de la familia de Karen. Los Kratz vivían en Hoy, un pueblo que se había ganado el título oficial de mágico: un lugar pintoresco que recibía dinero del gobierno para que conservara sus calles y monumentos históricos. Las casitas eran todas de un solo nivel. No había edificios y se tenían que respetar los colores asignados para dar uniformidad y colorido a las calles.

Había pocos habitantes y unas vistas maravillosas. En tiempos remotos, ese lugar perteneció a un gran señor que poseía minas y dominaba todo el territorio. Él era dueño de la tienda de raya donde podían comprar, a muy alto precio, los productos que necesitaba la gente, así que aunque pagaba a sus empleados de la mina un sueldo justo, lo recuperaba, porque a ellos no les quedaba otra opción más que adquirir lo que necesitaban en la tienda del pueblo, llamada irónicamente "La justicia".

Desde que Karen aprendió a leer en el preescolar, ella claramente veía que bajo el letrero de aquel local se leía *Robo*, pero nunca se lo dijo a su papá.

El siguiente condado estaba a muchas horas de camino y era muy difícil transitar esas carreteras a medio pavimentar y con amplias distancias de terracería en la mayor parte del trayecto. La vegetación era un poco hostil, pues se trataba de una zona cerca del Trópico de Cáncer y el clima era el de un lugar desértico. Así que la gente de Hoy rara vez visitaba Ayer o Mañana, que eran los dos pueblos vecinos más cercanos.

Ayer era un sitio atrasado en tecnología, con costumbres muy arraigadas y básicamente poblado por personas mayores y jóvenes viejos de alma. Se podía sentir la melancolía en las calles y todas las familias tenían por lo menos a uno o dos integrantes que extrañaban, pues se habían ido al Mañana en busca de oportunidades o habían fallecido. Contaban con un solo semáforo y nadie lo respetaba. La gente era chismosa y muy apurada con sus quehaceres, pero no tenían ideales o proyectos de vida. Parecía que claramente sus reflectores personales los tenían puestos en los otros y eran prestos para juzgar, saltar a conclusiones y emitir sentencias.

El Mañana, por el contrario, era de una prisa vertiginosa. Había mucho tráfico y ruido, poco contacto personal. Los vecinos no conocían el nombre de quien habitaba la casa de junto y todo era entendido bajo una dinámica *light*: ligeros en la comida, en el vestido, en la moral y en las relaciones. Sin compromisos firmes, sin pasión ni metas. Todo les daba *equis* y les parecía bien. La frase favorita de los jóvenes que vivían ahí era: "¿Y qué tiene?". Se permitía todo, aunque lo único que sí les parecía raro era alguien que mostrara signos de ser feliz y de estar a gusto consigo mismo y con su apariencia. De haber habido más gente "rara" como esa, los locales de *piercings* y tatuajes en el pueblo hubieran tenido que cerrar.

Frank Kratz, el padre de Karen, era minero casi como el resto de los hombres de Hoy, pero como a últimas fechas no había mucho trabajo en las minas, lo habían contratado en la tienda del pueblo. Frank despachaba abarrotes y telas literalmente con cara de empleado. Aquí el único oro que podía encontrar estaba hecho billetes en su sobre de pago quincenal y había perdido todo el brillo de una vocación o meta profesional.

Angélica, la madre de Karen, se dedicaba a hacer pasteles deliciosos que vendía entre las familias conocidas para ocasiones especiales. Si he de ser honesta, diré que lo más mágico de todo este relato eran precisamente esos postres. Preparaba una tarta de pera con almendra deliciosa, con un relleno de crema pastelera que se derretía en la boca dejando tras de sí una sonrisa inevitable. Hacía un pay de nuez con un poquito de miel de maple que contenía mucha sabiduría de los troncos y los árboles; conocimiento milenario que podía ayudarte a encontrar casi cualquier respuesta que buscaras.

Y, finalmente, hacía el Postre Rey: pan de plátano. Era tan esponjoso y suave que podía absorber todas las lágrimas que derramaras. Ante la tristeza no había mejor solución que un bocado de ese maravilloso postre. Angélica era una gran repostera y una gran madre también. No de esas que están todo el día pegadas a sus hijos sin dar calidad de sí mismas, sino que formaba parte de aquel hermoso grupo de madres que se mantienen ocupadas y tienen una vida sin dejar de tener como prioridad a quienes han traído al mundo.

Karen tenía una hermana mayor, Molly, muy diferente a ella. Poco sociable, enojada la mayor parte del tiempo y sin ganas de jugar. Qué terrible infortunio tener una sola hermana y que ésta no quiera jugar contigo. Por eso, Karen pasaba las tardes encontrando amigas nuevas en los libros, en los paisajes y en el vecindario. Le encantaba la incógnita de saber qué letrero vería escrito en el rostro de alguien que acabara de conocer aun sin saber nada de su historia.

Luisa, la amiguita de la casa de junto, llevaba siempre un collar que decía *Amor*, pero en realidad sobre su cabeza se podía leer *Me siento sola*. Pedro, el que pasaba muy poco por la casa de la familia Kratz, llevaba un botón que decía *Correos* pero cerca del corazón se divisaba un letrero en dorado que decía *Buena persona*.

Karen no era una niña rara. Bueno, definamos rara, porque de alguna manera todos lo somos. Ella usaba los vestiditos cosidos por su mamá con telas de colores en una puntada llamada *smock* que hacía un resorte muy apretado en el pecho, dos tirantes y moñitos. Karen se sentía preciosa con esos vestidos tan llenos de dedicación y amor. Todas las mamás les cosían vestidos a sus hijas ya que en "La justicia" se vendían patrones, telas, enseres de costura y casi todas andaban un poco uniformadas. Pero para suerte de Karen, su mamá era muy creativa. Lo único malo era que, como ella amaba a sus hijas y le parecían preciosas, las quería vestir iguales. Así que Karen usaba los mismos vestidos por muchos años. Primero los suyos y luego otros idénticos que habían sido de su hermana pero que ya le quedaban chicos. En esa casa nada se desperdiciaba, probablemente sólo las oportunidades de que las hermanas mejoraran su relación. Los Kratz eran una familia especial, no rara.

Los días en Hoy transcurrían entre celebraciones, elecciones, fiestas patronales y misas dominicales. En un pueblo tan pequeño no puede faltar uno a misa, porque todos se dan cuenta. Parecía que el sacerdote pasaba lista con la mirada y si alguien se había ausentado ese día, el siguiente domingo lo interrogaba para saber el motivo de su ausencia. Y más valía que fuera uno bueno, o la penitencia sería mayúscula. El sacerdote, un hombre muy místico y especial tenía la costumbre de tocar los escalones de la entrada al templo y después llevarse los dedos a la boca como si recibiera un beso bendito. Dicen que esta costumbre la aprendió en India en un viaje que definiría su vocación. Pues él, con esa misma mano, se despedía de cada uno de los asistentes a la celebración semanal, hacía que sus ojos se encontraran para saber si en verdad habían puesto atención.

En la secundaria preguntaban el contenido y mensaje de la lectura de ese sermón dominical, y si los alumnos no lo sabían, estaban en problemas. Karen siempre ponía atención. A sus 14 años era una experta lectora de expresiones y lenguaje no verbal.

Pero ese día, un 21 de abril que nunca olvidaría, estuvo verdaderamente desconcentrada de las palabras del orador.

CAPÍTULO DOS

Las raíces del flamboyán

Había llegado a Hoy una nueva familia proveniente del pueblo Mañana. Se habían mudado porque decían que vivían con mucha angustia y prisa y que necesitaban un estilo de vida más pacífico. Ese día en el templo la nueva familia, los Maggín, se presentó con sus mejores galas. Bueno, todos menos uno. Estaban la mamá, el papá, dos niños pequeños que parecían no poder estar quietos, y un chico de unos 17 años de edad, Pablo. Karen sabía su nombre porque lo tenía escrito en la parte de atrás de su camiseta de futbol. Él venía sucio y sudado por haber jugado un partido. Pero no era eso lo que Karen encontraba sumamente raro en Pablo, sino que no tenía letrero alguno. Ni en el corazón, ni sobre su cabeza, ni a un lado. Karen no podía descifrar ese misterio y por lo mismo no podía quitarle la vista de encima. Él lo notó y giró la cabeza para toparse con los bellos ojos verdes de Karen mirándolo insistentemente. No se inhibió, y contestó con una sonrisa maravillosa.

Terminó el sermón y los padres de Karen se quedaron hablando con el párroco un par de minutos. Pablo pasó junto a ella al salir y levemente rozó su mano con la suya. Karen sintió un relámpago recorrer su cuerpo pero ni así las letras, sus amigas inseparables, aparecieron para darle alguna pista.

Pablo y Karen no eran vecinos, por la diferencia de edad no acudían al mismo plantel del colegio pero ambos tenían que ir obligatoriamente a "La justicia" por sus productos básicos, así que Karen decidió acudir todas las tardes al local para ayudar a su padre a despachar y al mismo tiempo estar alerta para cuando Pablo se presentara. Es increíble la determinación de las mujeres cuando quieren algo.

Pablo iba los jueves a traer encargos de sus padres, y así se volvió el día favorito de Karen. Intercambiaban algunas palabras (casi siempre sobre deportes y el clima) y volvía a casa. Cinco meses pasaron bajo esta cómoda rutina. Karen esperaba los jueves con entusiasmo y ya no le importaba no poder leer a sus cómplices –las letras impresas– en la cara o en el pelo castaño de Pablo. Ella había decidido escribir *Amor* en su propio corazón y todo, todo lo que la rodeaba, parecía ser más hermoso, más alegre y colorido.

En uno de los últimos jueves del verano, Pablo le comentó a Karen que comenzaría la universidad muy pronto. Para ello tendría que volver a Mañana, porque en Hoy no contaban con escuelas de nivel superior. Karen sintió tristeza al pensar que se separarían, pero él la consoló diciéndole que muy pronto se reunirían otra vez cuando ella terminara la preparatoria y fuera para allá. Eso la confortó un poco, pero al llegar a casa y preguntarle a su padre si ella también iría a Mañana alguna vez, Frank, muy serio, le contestó que de ninguna manera; ella siempre se quedaría a cuidar de sus padres y no habría más nivel de educación que terminar la secundaria, ni otra actividad que no fuera ayudar a su madre en casa.

—Pero, ¿y mi hermana? —preguntó Karen—, ¿ella qué hará?

—Se casará y nos dará nietos —le contestó el señor Kratz.

Karen amaba a sus padres, pero de pronto sintió que su futuro ya estaba determinado y no precisamente por ella. Corrió al espejo y se miró. Comprobó que tristemente sobre su reflejo podía leer una palabrota que nunca antes había visto: *Desesperanza*.

No juzguemos al buen Frank. Él había hecho mucho por salir de donde venía. Procuraba ser mejor, tener estabilidad económica y aprender a comunicarse. Pero las raíces de una familia se parecen mucho a las de un gran flamboyán: son gruesas y suelen salir a la superficie para tumbar banquetas, partir muros o simplemente para recordarte que están ahí. Cuando en una familia te han enseñado que las mujeres deben estar en casa y cuidar a sus padres o hermanos y no tener mayores aspiraciones profesionales, es muy difícil aceptar que una hija, la más pequeña por cierto, quiera irse de casa y hacer una licenciatura.

La vida es como una mina, da muchas vueltas, tiene muchas vetas y lugares oscuros. A veces uno cae, muy, muy profundo y queda sumido en una gran oscuridad. Eso le pasó a Karen que no sabía cómo luchar con la educación machista que su padre había recibido y ahora quería perpetuar en su propia familia.

Sin embargo, no hay noche que dure eternamente y hermosos amaneceres prueban que siempre hay espacios para ser feliz. Los ratos compartidos con Pablo eran el mejor momento de la semana. Así fue como ambos decidieron no contar los días que faltaban para que él se fuera a la universidad, sino disfrutar intensamente cada minuto que les quedaba por vivir juntos.

Para Karen, era grandioso ver a Pablo jugar futbol en sus partidos dominicales antes de misa. Así fue como entendió que correr detrás de una pelota puede estar más conectado al corazón que a los pies. Un día, Pablo metió un gol y en su festejo se volvió hacia las improvisadas

gradas del pueblo. Sabía que Karen estaba ahí y se lo dedicó con un gesto de la mano que la señalaba y la conectaba a su pecho. Ahí nació una fanática de ese deporte. Además, como Pablo usaba lentes, tenía que quitárselos para jugar y dejarlos en manos de Karen, quien se sentía señalada para una misión terriblemente especial. Enternecía ver cómo los sostenía en sus manos, como quien es portador de una joya y la trata con sumo cuidado. Los acariciaba porque era su manera de dejar sus huellas en ellos para que luego habitaran el rostro de Pablo.

A él le divertía mucho intercambiar comentarios del partido con Karen. No se olviden que ella podía leer letreros en los jugadores mucho más allá que el nombre del equipo o la marca de algún producto local que los patrocinaba. Ella leía *Juego sucio* en alguno y *Te voy a romper la cara* en otro y se lo advertía a Pablo. También sabía distinguir quién se leía como *Inseguro* o *Desvelado* y esas eran las grandes oportunidades para el equipo del joven Maggín.

Otro hermoso momento de convivencia era la hora de la salida del colegio de Karen. A veces Pablo la esperaba en la esquina y caminaban juntos un par de cuadras. El calendario de la secundaria permitió que esto pasara, pues habían comenzado clases en agosto y Pablo tendría que irse hasta mediados de septiembre. Es increíble cuántas cosas pueden decirse en unos cuantos metros y la paz que puede alcanzarse al compartir un silencio tomados de las manos. Eso sí era nuevo para Karen: anteponer el silencio y el contacto físico a las palabras.

Karen se portaba muy bien en casa. No quería dar el menor motivo para que sus padres restringieran o cuestionaran sus salidas o "caminatas" antes de misa los domingos. Esta relación era su secreto, pero no uno que ocultara algo malo, sino de esos lindos motivadores de vida que son como gasolina para despertar con energía cada mañana.

Además, por esas fechas, Frank había comenzado a tener una tos muy fuerte. En casa de la familia Kratz ése era el tema: la visita a doctores, los jarabes y remedios caseros. Para Karen, era la oportunidad de no ser vista.

Los días corrieron hasta que llegó el momento de despedirse de Pablo. Era el último jueves en que él iría a "La justicia" (nunca antes le pareció tan irónico el nombre) a surtir la despensa de casa.

—¿No vendes flores? —le preguntó a Karen de repente.

—No —respondió ella— tenemos semillas.

—No, gracias —respondió Pablo—. Quería regalártelas por lo linda que has sido conmigo, pero no quería darte unas del jardín de mis padres. Quería que fueran algo especial.

Karen estaba muy conmovida y por unos instantes cerró los ojos para dejarse invadir por esa sensación. Pablo aprovechó esos segundos para besar sus labios.

—Nos veremos pronto —le prometió, y se marchó.

Karen casi no pudo hablar en dos días. Simplemente no quería usar su boca, quería evitar que el beso y su sabor se le escaparan. Bebía el agua con popote, comía muy poquito y al lavarse los dientes tenía especial cuidado de no rozar los labios, pues le parecía un territorio sagrado por ahora, la tierra de Pablo hasta que pudieran reunirse.

Domingo a domingo, Karen veía a los padres y hermanos de Pablo ir a la iglesia, los saludaba y permanecía atenta por si tenían un mensaje para ella, una palabra o gesto que le hicieran saber que ella era especial para su hijo. No podía detectar nada; una vez más, sabía que Pablo era un enigma, por eso en parte le resultaba tan atractivo.

Llegó el invierno y con él las vacaciones decembrinas. Pablo regresó a Hoy para pasar unos días con su familia. Karen lo supo enseguida y corrió a arreglarse. Qué bonito es cepillarte el cabello esperando que alguien lo acaricie o ponerte rubor en las mejillas para verte más bonita deseando que alguien lo note. Es ese amor juvenil, fuerte y fresco, tan criticado a veces por los mayores que se empeñan en no darle importancia argumentando que es un primer enamoramiento y que se pasará pronto. Puede ser que haya algo de envidia en esos comentarios; algunos adultos ya andan bajos de gasolina en ese viaje llamado romanticismo.

Se vieron a lo lejos en la calle y él la llamó por su nombre:

—¡Karen! —ella corrió a su encuentro. Es una pena que algunos al crecer dejan de mostrar sus emociones. Ella no era así. Se alegraba tanto de verlo que no había estrategia o disimulo posible. Corrió a saludarlo, buscando sus brazos.

—He querido escribirte y no he podido hacerlo.

Pablo le contó todas las nuevas responsabilidades a las que se enfrentaba; habló sobre sus maestros, las clases, sus compañeros y confesó lo mucho que la había extrañado. Le dio detalles sobre la universidad, describiéndosela con tanta precisión que ella pudo dibujarla en su imaginación. Intercambiaron miradas y muchas veces se tocaron las manos.

En ese entonces no había teléfonos celulares y mucho menos teléfonos inteligentes. Las personas se escribían cartas de puño y letra y esperaban semanas para recibir una respuesta. La espera incrementaba la expectativa y el deseo. Cuando tenías en tus manos la carta sabías que ese papel había estado en contacto con las manos del otro y era una especie de caricia a distancia. Todo era más romántico, más personal. Si a un muchacho le gustaba una chica se acercaba a platicar con ella en lugar de buscarla en Facebook primero, después observar todas sus fotos y finalmente repartir algunos *likes* en Instagram. Increíble, ¿verdad? Se arriesgaban más a ser rechazados e irónicamente no los rechazaban tanto.

Después de varios encuentros y la asistencia puntual de Karen y Pablo con sus respectivas familias a todas las fiestas religiosas propias de esos días, el joven Maggín tuvo que regresar a la universidad. Él estudiaba Economía y hablaba tan bonito del país, de los números, de las finanzas. Karen no entendía todos los temas, pero se bebía sus palabras y la pasión con la que las soltaba. Para Karen, como debería de ser para todos, alguien que hablaba tan bien debía de tener un compromiso con la honestidad. Seguro que, de mayor, Pablo sería un político importante. Quién sabe, tal vez, hasta gobernante del país, y se encargaría de muchos asuntos pendientes en Hoy. Arreglaría las cosas, habrían menos pobres, todos los enfermos serían atendidos y se volverían una comunidad más solidaria y empática. Esas cosas sorprendentemente le importaban a Karen a su corta edad y así de grande era su confianza en Pablo y en el futuro que él representaba.

Afortunadamente, el cumpleaños de Karen coincidió con esos días de vacaciones, así que aunque ella no quiso la típica fiesta con vals y vestido cursi que se usaba tradicionalmente en el pueblo, pasó una tarde deliciosa comiendo un trozo de tarta de pera de su mamá, sentada en una colinita con vista a la parte superior de la mina. Pablo le llevó una velita y la encendieron juntos pidiendo un deseo que nunca se confesaron. El postre hizo su magia, fue una celebración inmensamente feliz. Es curioso cómo los mejores momentos de nuestra vida no suelen estar relacionados con los grandes eventos en que gastamos mucho dinero y en los que estuvieron presentes muchas personas. Tienen más que ver con los pequeños momentos extraordinarios dentro de un día ordinario. Esos son, sin duda, los que después más añoras.

La despedida fue dura de nuevo, pero a Karen le quedaba la ilusión de recibir una carta suya. ¿Cuánto puede tardar una carta de un pueblo más o menos cercano? Justo cuando ella empezaba a cansarse de revisar el buzón dos veces al día por dos semanas seguidas, llegó ese sobre blanco que le devolvió el corazón al pecho.

Ella vería la forma de lograrlo, pero algún día iría a la universidad; convencería a su padre, trabajaría para ello, se iría a pie si era necesario, pero iría. La sola idea de poner en un mismo espacio la universidad, la presencia de Pablo y tantos libros le ilusionaba por completo.

Las cartas siguieron llegando, por lo que el cartero mostraba su cara amable más seguido. En esas misivas hablaban de todo: su rutina, lo que comían y lo que Pablo extrañaba de Hoy. Comentaban, sin límite, las cosas que les ocurrían. Pero ya al final, antes de concluir, Pablo escogía la mejor frase para terminar la carta:

Sé que estaremos juntos, nacimos para estarlo.

Esas palabras jugaban con la mente de Karen: acomodadas así lograban en ella un efecto aun más fuerte que las vitaminas que su madre la obligaba a tomar desde que era una niña. La levantaban de buenas, la hacían soñar en los descansos entre clases, le motivaban a dejar crecer su cabello, sus uñas y sus ilusiones.

Karen se iba transformando en una joven muy bonita, quizá un poco baja de estatura, pero a quién le importa eso cuando se ha nacido para ser grande. Con buenas amigas, siempre alguien a quien ayudar y mucho por leer y escribir, Karen llenaba sus horas.

Se avecinaba el cumpleaños de Pablo, él había estado muy calladito al respecto y Karen soñaba secretamente y pedía que él decidiera ir a pasar ese día en Hoy. Estaría preparada para el acontecimiento.

Por fin llegó la fecha. La mamá de Karen se metió a la cocina a hornear el pan de plátano más grande que Karen hubiera podido imaginar. Tenía tres pisos y abarcaba casi toda la mesa de la cocina. Había harina, polvo para hornear y un poco de azúcar regada por el suelo. Se notaba que todo se había hecho con prisa.

—Mamá, ¿para quién cocinas este Postre Rey tan especial?

—Ay hija, para la familia Maggín —le contestó—. Ocurrió una tragedia. Hace rato les avisaron que su hijo Pablo falleció en un terrible accidente.

CAPÍTULO TRES

El sonido del gong

Accidente. Las últimas letras de esa palabra se disolvieron en el aire como hielo seco que irrita los ojos pero que se esfuma rápidamente. Una vez más Karen cayó en el silencio, el oscuro silencio de las no-palabras y de las pocas esperanzas. Corrió a su cuarto; sintió que si permanecía en la cocina ni siquiera ese mágico pastel podría absorber todas las lágrimas que ella necesitaba llorar.

—¡No te vayas! —alcanzó a gritarle su mamá—. Cuando esté terminado quiero que me hagas el favor de ir a su casa a entregarlo.

No, por favor, pensó ella. Pero, incapaz de contradecir a su madre, esperó en su habitación triste y sentadita en un rincón deseando ser rescatada de la verdad.

¿No nos pasa eso a todos? Cuando recibimos una noticia así se nos activan los mecanismos de defensa. Pensamos que debe haber un error, que están equivocados o escuchamos mal. Y en el fondo sabemos que es verdad, experimentamos la terrible sensación de que el mundo se nos ha venido encima.

Desde el piso de su recámara, Karen rezaba en voz muy bajita. "Un milagro, por favor, un milagro", pedía. Suplicaba que lo que acababa de escuchar no fuera verdad y Pablo no hubiera subido a aquel autobús para llegar de sorpresa a Hoy y encontrarse con ella con tal de pasar juntos su cumpleaños. Le pedía a Dios con todas sus fuerzas como le habían enseñado. Era una lástima que su mamá hubiera omitido decir que Dios es Dios y no un empleado; nos escucha pero no nos obedece, porque la vida tiene un plan que no siempre coincide con nuestros deseos. No es que sea inútil rezar (eso nos hace bien a nosotros), lo que no ocurre, es que la oración modifique el rumbo de las cosas. Sólo te coloca en una situación donde sientes que sí estás haciendo algo, pues la impotencia ante las malas noticias es un sentimiento devastador.

Karen guardó silencio. Se sentía entumida como si hubieran hecho sonar un gran gong junto a ella y la resonancia de ese disco de bronce siguiera haciendo un profundo y potente efecto en su persona. Aturdida, sin comprender, sin lograr una sola oración completa, las lágrimas rodaban por sus mejillas.

Si estuviéramos hablando de un animal, Karen hubiera sido en ese momento un conejito asustado. Así lucía recluida en lo más profundo de su madriguera, en silencio y en completa oscuridad. De cuando en cuando la asaltaba un pensamiento: "No puede ser"; "están equivocados"; "debe ser un error". Lo inevitable, irreversible y definitivo de la muerte nos rebasa a todos. Cuesta mucho creer las frases "nunca te veré más" o "se acabó para siempre". Ya habíamos hablado al principio de esta historia de lo fuerte e interminable que resulta esa palabra.

El tiempo parecía haberse detenido. Una parte de Karen deseaba morir en ese mismo instante. Ella había leído en el colegio *Romeo y Julieta*, imaginándose que Pablo era su Romeo. ¿Sería por eso que él habría muerto? O tal vez, por el solo hecho de desear que él fuera a visitarla, ¿ella sería responsable de la tragedia? En esos momentos de confusión se piensan muchas cosas extrañas, se hacen conexiones donde no las hay y uno se siente omnipotente y mágico. Creemos que hay algo que hubiéramos podido hacer o dejar de hacer para evitar lo ocurrido. Es en parte ego y en parte nuestro inmenso deseo de revertir lo sucedido. Ante el caos exterior buscamos un orden y el único orden que a veces creemos encontrar es culparnos a nosotros mismos.

Claro que Karen no era culpable de nada, y Pablo tampoco. Los accidentes ocurren, el destino teje sus redes para llevar al cabo sus planes y todos, absolutamente todos, tenemos una especie de fecha de caducidad escrita en algún sitio no legible. Uno ni siquiera accesible al extraordinario don de Karen.

Karen no tenía frío, calor, hambre o sed. Imposible calcular el paso del tiempo porque el corazón sólo sabe vivir en el presente; es la mente la que viaja al pasado trayendo depresión y se mueve hacia el futuro generando una gran dosis de ansiedad. El corazón, en cambio, sólo sabe amar en el hoy, en el aquí y el ahora, donde Pablo ya no estaba.

Tal vez, queridos lectores, se estén preguntando ¿por qué a Karen? ¿Por qué a Pablo que era tan bueno? Y siento una gran necesidad de explicarles que lo que ocurre en la vida no son premios ni castigos. No sólo los malos mueren o se enferman. Todos somos también seres vivos y el cuerpo se debilita, se rompe y deja de funcionar. A los malos les pasan cosas buenas y malas, y a los buenos también. Todas son experiencias por vivir, no consecuencia de que no hayamos aprendido nuestras lecciones o no seamos lo suficientemente buenos.

Después de un rato, las lágrimas dejaron de fluir. Parecía que la vida había exprimido de Karen la última gota de aquel líquido mágico que además de ayudarla a desahogarse le daba un antidepresivo natural, una válvula de escape. El cuerpo en su infinita sabiduría le da una composición química diferente a una lágrima de llanto por un ataque de risa que a una lagrimita de dolor intenso como éstas. Pero se acabaron, secó sus ojos y escuchó la voz de su madre llamándola para que fuera a entregar ese pan de plátano.

NIÑA ILUSIÓN

CAPÍTULO CUATRO

Más rápido que la luz

A este difícil encargo la acompañaron dos muchachas que trabajaban horneando con su madre en la casa, pues era imposible que ella, con lo menudita que era, cargara por sí sola con el peso del mundo y de ese gran pan al mismo tiempo. Qué duro lo que ella estaba pasando, y más duro aún, que lo pasara en silencio. Cuántas veces los padres parecen estar indiferentes, ajenos o simplemente ignorantes del dolor tan fuerte por el que atraviesan los hijos: el desamor, el rechazo, la exclusión social o el duelo.

¿Alguna vez has sentido que todo se nubla, como si se hiciera de noche a pesar de que afuera brilla el sol? Justo en esa penumbra caminó Karen hasta la dirección indicada. No conocía la casa de Pablo por dentro, de hecho no conocía todo sobre Pablo pero sí lo más importante: su hermosa sonrisa y sus sueños. Recordó la ocasión en que él le dijo que sus besos eran tan especiales que le pedía no desperdiciarlos con nadie, que los guardara todos para él. El fin de la vida es menos predecible que la vida misma.

—Buenas tardes, señora Maggín. Venimos a entregarle este pan que le manda mi madre —dijo Karen.

—Pasen, por favor —le contestó la señora, que se veía francamente abatida—. Pueden ponerlo en la cocina.

Al pasar por el comedor, Karen trató de imaginarse cuál era el lugar donde Pablo solía sentarse, cuál sería su habitación, pensaba si acaso todavía estaba su cepillo de dientes en el baño. De pronto olvidó que estaba acompañada, pues una serie de emociones la inundaron. Una vez que dejó el pan en la mesa sus dedos intentaban rozarlo todo pensando que algo de la energía de Pablo aún estaba ahí, pues seguramente muchas veces había tocado esa tabla, esos muebles o esas paredes. Recordó sin duda el primer día que sintió el roce de su mano afuera de la iglesia y cómo había comenzado todo en ese momento, porque si bien las palabras mienten a veces, la piel nunca lo hace. O se siente o no se siente, y eso nadie puede forzarlo.

Los pensamientos se agolpaban en su cerebro de manera tan rápida que no permitían fluir las lágrimas. Se estudia mucho la velocidad de la luz y el sonido, pero lo que nadie se detiene a pensar es que el cerebro y las emociones no comparten los mismos tiempos ni respetan las leyes de la física.

—Lo siento —dijo Karen cuando cruzó mirada con la señora.

—Muchas gracias, tú conocías a Pablo por la tienda, ¿verdad?

—Sí, nos veíamos los jueves en "La justicia" —y aquella fue la última vez que ella pronunció esa hipócrita palabra.

Karen esbozó una pequeña sonrisa tratando de ser amable, pero al mismo tiempo sentía una prisa enorme por salir de ahí. Sabía que si permanecía un minuto más lo diría todo y empezaría a llorar. Ellos habían guardado su relación en secreto, pues tenían miedo de que si el padre de Karen se enteraba, no la dejara ir a la universidad algún día.

—Gracias por traer el pan —dijo la señora Maggín—. ¿Se te debe algo?

—Nada —contestó Karen y simplemente abrazó a la madre de Pablo, probablemente con la misma fuerza y honestidad con la que abrazó a su hijo cuando se habían reencontrado aquel diciembre.

Enternecida por el gesto y sin saber que aquello sería el comienzo de una linda amistad, la señora Maggín le acarició la cabeza, segundos después Karen salió por la puerta principal sin esperar a las muchachas que la acompañaban. Corrió a toda velocidad, deseando que nadie pudiera alcanzarla, ni el viento, ni la luz, ni las palabras mismas. Aquella increíble y mágica cualidad de Karen para leer en el rostro la verdad de las personas había quedado atrás. La muerte parecía una traición de la vida y del alfabeto, seis letras que la alejaron de todas las otras que aún le faltaban por vivir y experimentar.

Karen se enojó con las letras y ellas dejaron de hablarle, los rostros ya no le decían nada. Esa tarde de mayo, ella perdió su don, lo perdió en silencio y a toda velocidad. Nunca se lo dijo a nadie y nadie lo supo hasta ahora, ahora que yo les cuento a ustedes esta historia.

CAPÍTULO CINCO

La ortografía de la vida

Sobra decir qué largas fueron las horas para Karen, los días, los meses y los últimos años de colegio. Transitaba su vida como si no habitara su piel, distraída de las emociones y encontrando consuelo únicamente en la naturaleza y su silencio. La armonía de los muchos tonos de verde, la danza entre plantas y cactus espinosos que parecían enroscársele.

Pasaron muchas estaciones y todas las fiestas que cada una de ellas conlleva. Su padre estaba cada vez peor de salud, por lo que había dejado de ir a trabajar, a diferencia de su madre, que lo hacía todo el día.

Karen pasó de la incredulidad de los hechos a un terrible enojo con la vida. A veces dirigía ese enojo a su padre porque no le iba a permitir estudiar fuera o simplemente por estar enfermo y tan metido en sí mismo que no se daba cuenta de lo triste que en realidad estaba ella. Otras veces se enojaba con Pablo por haberle prometido que estarían juntos y no haber cumplido su promesa. Cuando lo prometió, tenía toda la intención de hacerlo, pero la vida presentaba otra ortografía. Imposible poner coma o puntos suspensivos cuando ella ya había decidido dar un punto final.

Después se enojaba consigo misma, engordaba y adelgazaba como si fuera un vals que bailara ensimismada. A veces se compensaba con comida lo que no tenía y otras se castigaba sin recibirla. "Debí de haberle dicho cuánto lo amaba, debí de haberlo besado más", se repetía Karen, quien iba por ahí con el ceño fruncido, un enojo constante y una recriminación personal que no acababa.

Cuánta soberbia hay en nuestro pensamiento mágico. Creemos que nosotros pudimos haber cambiado el rumbo de las cosas, enmendarle la plana al destino. Pero no es así: son nuestras inmensas ganas de que aquello no hubiera ocurrido.

Para vivir no necesitas un borrador, pero sí un buen lápiz y manera de afilarle la punta varias veces. En la vida de Karen hubo mucha tristeza, lágrimas y el paso del tiempo que, si he de ser honesta, no lo cura todo. Sólo se encarga de cerrar una herida pero desinfectarla y sanar depende enteramente de nosotros.

Varios muchachos cortejaron a Karen pero ella no prestaba atención a eso. Era una chica muy bonita, con un aura especial pero ahora también con un halo de tristeza. Algunos se esforzaron hasta el cansancio, pero nadie estuvo realmente cerca de poder traspasar la barrera con la que Karen había protegido su corazón.

Karen ya era una mujer pero seguía negociando con la vida como si fuera una niña, prácticamente reclamándole en voz alta: "¿Ah sí? Pues ahora no soy feliz. No lo seré nunca hasta que me devuelvas a Pablo". Aquello no era posible, pero el universo sabía muy bien que esa palabra, *nunca*, era casi tan nociva como el *siempre*. Injusta y falsa.

Después de la boda de Molly, su hermana mayor, y su partida a tierras lejanas con su marido, a su padre le confirmaron un diagnóstico de tuberculosis. No era extraño que alguien que había trabajado en una mina padeciera de los pulmones, pero Frank no luchó; su pequeña ya no era alegre y la mayor no estaba. Sintió que su vida había terminado y quería descansar. Alguna vez habló del cielo como un cómodo sillón donde seguramente podía subir los pies y cerrar plácidamente los ojos.

Ambos acontecimientos fueron pérdidas para Karen, primero la partida de su hermana que si bien no era su persona favorita, dejaba en su vida el hueco de quien hasta ese momento compartía con ella la experiencia de ser hija de sus padres, apoyarlos y entenderlos. El saber que los días de su padre estaban contados la entristeció profundamente, pero a diferencia de lo que sintió con la muerte de Pablo, con su padre entendía que llevaba ya mucho tiempo enfermo, ya no tenía calidad de vida y no había expectativas reales de curación. Le veía tan poquita energía que pensaba que retener a alguien cuando ya vivir cuesta tanto esfuerzo y trabajo simplemente no era justo.

Su final fue duro pero siempre acompañado, Karen, Angélica y a veces Molly supieron estar ahí para él durante esos meses y hacerle la vida lo más llevadera posible. Al final murió con una hija al lado y la otra en su corazón.

La madre de Karen transformó a "La justicia" —que Frank había recibido un par de años antes como herencia del dueño por ser su empleado más fiel— en una tienda de intercambio donde a la usanza más antigua la gente hacía trueque de las cosas que tenía por las que necesitaba. Ahora sí era un gana-gana para todos. Karen la convenció de darle un nuevo nombre: "Mi tiendita", como cariñosamente su padre la llamaba siempre.

Angélica Kratz se había casado muy mayor para las costumbres de la época y con un hombre 18 años más grande que ella. Era una mujer muy trabajadora y francamente de pocas palabras, pero buenos sentimientos. A los 36 años había tenido a Karen, enviudó a los 54 y su vida se extinguiría 16 años después por un problema en el hígado que ya no le permitía absorber nutrientes. Se fue despacio, como una velita que se apaga pero en su cama caliente, sin dolores y cuidada siempre por Karen, como parecía haber sido su destino. Un destino que ella finalmente abrazó porque amaba a su madre y aunque ya tenía secos sus ojos, su corazón aún era capaz de sentir muchas cosas.

Huérfana es una palabra que no combina con la satisfacción del deber cumplido y la sana autoestima. Karen había decidido no portarla. Otra pérdida más para Karen quien había comenzado a darse cuenta de que la vida tiene siempre pérdidas y ganancias, que no te mereces ni las primeras ni las segundas pero hay que aprender a recibirlas. De forma serena comprendió que era extenuante pelearse con la vida, que había que aprender a leerla correctamente, palabra por palabra tratando de extraer significados. Era tan agotador estar siempre enojada cuando ella tenía una verdadera vocación alegre. Su niña interior hacía muchos esfuerzos por salir y cada vez más y con mayor frecuencia se permitía la licencia de volver a dar brillo a sus ojos, recordar sin nostalgia a todos menos a Pablo. Con él seguía teniendo un pendiente muy grande: Una última cita.

Visitar Mañana para poder ver la tumba de su amado Pablo le significaba un gran desafío. Por una cosa u otra postergaba ir, pero sentía que estaba llegando el momento de hacerlo. Ahora ella quería ser quien le llevara unas flores. Claro que lo haría uno de esos jueves, el día de la semana en que solían encontrarse.

Karen fundó una asociación de ayuda a adultos mayores y ocupaba sus días en atender el pequeño negocio que había sido de su madre conservando las recetas originales de los pasteles mágicos. Tenía diversas ocupaciones altruistas. Ya no abusaba de la comida como antes, había encontrado una especie de felicidad en el servicio y el trabajo que le daba sentido a sus días. Su vida era excelente. No perfecta, pero excelente. Ayudar a los demás se había convertido en su gran negociación con la vida.

CAPÍTULO SEIS

Una triste cita

Era jueves, el día había amanecido despejado y no había pendientes en su agenda. Era el momento ideal y Karen no lo pensó más, estaba decidida a acudir a esa triste cita. Tomó su bolsa y algunas cosas que necesitaría, cortó una docena de rosas de su jardín. Las rosas eran ahora su flor favorita, pues parecían explicar bien los contrastes de la vida. La hermosura y perfección de un botón y lo terrible y doloroso de las espinas. Sin embargo, sin ellas la rosa no era una rosa ni la vida, vida. Caminó a la estación de autobuses y al pagar su boleto notó que sus manos temblaban.

El trayecto era largo y las carreteras seguían siendo muy malas. Parecía que la intención del camino era que desistiera de salir de casa. Pero nada la haría cambiar de opinión. Karen ya no sentía que desobedecía a su padre a quien nunca contrarió y acompañó hasta el último de sus días cuidándolo con amor y ternura. Hoy era libre y decidía utilizar su libertad para visitar la tumba del que había sido hasta ahora el único amor en su vida. Iba bien provista: en su portaviandas llevaba un pedazo de pay de nuez y un trozo grande de pan de plátano que estaba segura que habría de necesitar.

Es curioso, pero Karen tenía mucho tiempo sin llorar, cada vez que sentía ese extraño picor en los ojos o aquel ardor de garganta, leía y eso ahuyentaba los síntomas. Extrañaba tanto las letras en los rostros y figuras de las personas que tuvo que encontrarlas en los libros, como lo haría cualquier otra persona. Leyó muchos libros de Tanatología. Entendía la teoría sobre la pérdida, el dolor y la resolución del duelo. Le parecía que eso estaba muy bien... para los otros.

Al fin llegó. De la parada del autobús al cementerio eran sólo unos cuantos metros que recorrió despacio como quien acude a una cita con el destino. Solemne, puntual y resignada.

Tenía la ubicación exacta de la tumba, ya que la madre de Pablo, que ahora hacía con ella labor voluntaria, se la había dado contenta al saber que iría a dejarle unas flores y "saludarlo" de su parte. Ojalá de verdad hubiera podido hacer eso, saludarlo.

Cuando uno va al panteón siempre dice "Voy a ver a...", con la ilusión de que así sea. En realidad solo vas a pararte frente a una lápida, a sentir la ausencia y presentar tus respetos. Karen se quedó así: quietecita, esperando que Pablo saliera de la tierra y le dijera: "Era una broma, aquí estoy". Eso no ocurrió y solo atinó a murmurar después de un rato:

—Es jueves, nuestro día. Yo quería volver a verte.

Sin saber exactamente qué era lo que buscaba al ir a ese sitio, Karen sentía la apremiante necesidad de esperar ahí un rato, como si algo fuera a pasar de un momento a otro. Quitó unas flores muy marchitas que había en un jarrón de piedra, le colocó agua fresca y las rosas pálidas que había traído. Pensar en lo que no ocurrió entre ellos era siempre más doloroso que recordar los bellos momentos compartidos, y era lo que le rompía el corazón. Karen empezó a llorar, libre de hacerlo sin nadie que le dijera el típico "no llores". Llorar no hace daño pero la gente se pone nerviosa porque no sabe qué hacer con tus lágrimas y por eso te piden que pares.

Sacó su pedazo de pan de plátano y lo comió despacio, consolada siempre por aquellos hilitos negros de sabor dulzón que parecían los mismísimos brazos de su madre. Comenzaba a caer el atardecer, ella tenía que marcharse. Aún con lágrimas en los ojos, para despedirse, le dijo:

—El mundo se ha quedado en un total silencio sin ti, mi Pablo.

Eso había sonado hermoso pero en realidad, el verdadero poeta había sido él, quien muchas veces le escribió frases y poemas que ella conservaba y leía todas

las noches antes de dormir. Cuando Karen leía las cartas que Pablo le había enviado sentía que ella nunca le había dicho suficientemente cuánto le gustaba recibirlas y lo mucho que agradecía sus escritos. Sentirse la musa de alguien es un regalo de proporciones inmensurables.

A veces los pies caminan solos, por inercia. Más movidos por la costumbre que por la voluntad. Así llegó Karen a tomar el autobús de vuelta a casa. Su andar era acompañado por el llamado a oración de una mezquita cercana. En Mañana a diferencia de Hoy, existían muchos cultos religiosos diversos y la gente demostraba respeto a cada uno de ellos. Convivían pacíficamente mormones, musulmanes, católicos, cristianos, judíos y muchos más. Mañana era un lugar de tolerancia e inclusión.

Una vez en el autobús eligió su asiento y se quedó contemplando la ventana; un tanto para no pensar y otro tanto porque no quería cruzar mirada con nadie. No podía arriesgarse a que se dieran cuenta de lo frágil que estaba, se sentía hecha de papel. Sacó entonces el pay de nuez que había guardado para el regreso, alcanzó a darle una buena mordida cuando se le acercó una niña de unos siete años.

—¿Me das? —le preguntó con una espontaneidad y ternura increíbles.

—Claro —contestó ella, dudando por un momento el efecto que la sabiduría de ese postre mágico tendría en una niña. La pequeñita devoró lo que le habían compartido y se acercó a Karen para lo que ella pensó era un beso de agradecimiento. Se inclinó para recibirlo pero en su lugar la niña le susurró al oído:

—¿Con esa tristeza es como le pagas a Pablo haber estado en tu vida?

Karen se quedó atónita y volvió a fijar la mirada en el cristal de la ventana evadiendo dar una respuesta. La niña regresó a su lugar y en cambio el corazón de Karen no podía hacerlo.

¿Qué estaba pasando? ¿Cómo podía esa pequeña saber de Pablo y hacerle ese comentario? Karen estaba muy confundida pero a la vez era como si esas palabras hubieran hecho eco en su alma. Algo se había acomodado como en un juego donde al mover una pieza cae una línea completa ordenándose automáticamente el resto de los elementos.

Karen miraba por la ventana y notó que los árboles pasaban muy rápido, demasiado rápido y se alcanzaba a ver uno que otro pájaro buscando alguna rama dónde posarse sin poder conseguirlo. La velocidad a la que iba el autobús era extrema y nadie más parecía notarlo. De repente, y con la fuerza de la luz de un rayo, una clara respuesta llegó a su mente. "No", dijo casi alzando la voz. De pronto, sin saber cómo, entendió con toda claridad, como si le hubiese sido revelado una verdad profunda: Quedarse triste demasiado tiempo no significaba que hubiera amado mucho a Pablo, sino que probablemente había entendido mal lo que era el amor. Querer a alguien de verdad era otra cosa, debe convertirnos en una mejor versión de nosotros mismos y no en un triste recuerdo de lo que éramos. Si has querido y te han querido, eso debe ser suficiente para que busques vivir en paz y con alegría y no un pretexto para destruirte, apagarte o marchitarte cuando el ser amado ya no está a tu lado. Lo que te dio y lo que creciste al lado de esa persona no requiere de su presencia física para seguir surtiendo un efecto fortalecedor en ti.

"Me he cerrado a posibilidades, guardé mi corazón donde nadie podía alcanzarlo y me siento muy sola", concluyó Karen. "Tú moriste, Pablo, pero yo no, vivir no es una traición, seguir adelante y decirle sí a la vida no es faltarte al respeto ni asumir que te he olvidado. Al contrario, es recordar a cada instante tus lecciones, tu gusto por la vida, tus metas y emoción al cumplirlas. Tú no hubieras querido que me quedara sola, me olvidara del amor y dejara de lucir mi sonrisa. Te he estado rindiendo un mal homenaje y acabo de comprenderlo".

Las ideas llegaban agolpándose en su cabeza, casi con entusiasmo; con esa mirada de quien acaba de encontrar la resolución a un problema matemático y físico, porque fue gracias a la velocidad extrema del autobús que ella pudo recibir esto; tenía que ser una velocidad mayor a la que ella había corrido cuando se alejó de todo. Cuando se enojó con la vida y le dio la espalda a toda prisa a las letras y a su capacidad de ser feliz.

"Pablo creía en mí, le gustaban mi voz y mi plática. Entendió mi don al leer a las personas y nunca se sintió amenazado por él. Me contaba sus asuntos, me creía capaz de guardarle un secreto y se reía conmigo. Sobre todo eso: reíamos juntos". Algo muy lindo y muy mágico sucedió en ese momento: Karen sonrió, como hacía muchos años no había podido. Les prometo que una luz muy clarita iluminó el cielo, como si Dios hubiera tomado una fotografía con flash.

Sonreír al recordar a alguien es entender su misión en tu vida, resignificar y reasignar su paso por tu existencia como el cruce de dos caminos. Sonreír es ser agradecido ante el regalo de la vida que, dicho sea de paso, nunca nos prometió que nuestros seres amados estarían siempre con nosotros. Ahí aparece la palabra "siempre" otra vez. Injusta, irreal, como promesa no cumplida.

El resto del camino fue como un paseo entre nubes. Karen inclusive cerró los ojos pero no para dormir sino para mirarse por dentro. Revisó cada rincón rescatando de escondites la paz, la aceptación, el entusiasmo y las ganas. Todo estaba ahí a la espera de que alguien regresara a encender la luz del cuarto donde habían quedado atrapados después del dolor de la pérdida.

CAPÍTULO SIETE

Aquí y ahora

Al llegar a Hoy, Karen caminó a casa. Sus pies ya iban mucho más ligeros, no se arrastraban. De pronto se topó con su vecina, quien era enfermera y volvía de su turno en el hospital, la saludó y al fijarse bien pudo leer claramente en su rostro la palabra *cansancio*.

—¡Volvieron, volvieron las palabras! —gritó y la abrazó fuerte, por largo rato. La vecina no entendía lo que pasaba, pero un buen abrazo sincero no puede ser rechazado. Ese regreso a Hoy había significado todo un volver a la vida y sus posibilidades.

Encantada, Karen fue leyendo todo lo que encontraba en el camino; *preocupación* en el policía que hacía sus rondines nocturnos y *bienvenida* en la puerta de su casa.

Durmió como una niña a la que le han quitado un gran peso de encima, el peso del mundo. Descansó a pierna suelta, sin cargar nada que no le correspondiera, con sus hombros ligeros y el cuerpo sin tensión; ni la mandíbula apretada o los puños cerrados como a veces se descubría adolorida a mitad de la noche. Eso era antes, cuando se peleaba con la realidad, cuando la nuez, la miel y los árboles milenarios no habían hecho su magia en ella. Magia de jueves.

A la mañana siguiente, Karen despertó temprano. Se arregló con esmero y al mirar su imagen reflejada en el espejo descubrió una palabra que hasta ahora le había sido desconocida: *aceptación*. Aceptar algo no significa que te haya gustado lo que pasó, ni que pienses que es lo mejor que pudo haber ocurrido o inclusive que haya sido justo. Aceptar es entender la vida tal y como es, reconectar con una mirada de paz, esperanza y gozo por un mañana.

Tomó sus cosas y salió a la calle. Estaba lista, como recién graduada. Ya había cursado la materia más difícil. Aquella asignatura que nos ayuda a crecer y entender el verdadero significado de amar y ser feliz. Ese curso se llama "duelo", y Pablo había sido su maestro.

Con qué entusiasmo pudo leer de nuevo las letras bailarinas sobre el rostro de las personas: *Alegría* en la señora que vendía flores (Hoy había crecido un poco y ahora sí era negocio venderlas), *ilusiones* en la cabeza del muchacho que jugaba futbol en la canchita de la esquina y *paz* en la entrada de la iglesia. Se sentía de vuelta, se sentía completa.

Entró al templo, rezó un rato y pidió perdón. Eso creemos, porque no se cierra un ciclo hasta que se ha perdonado y ofrecido una disculpa por todo lo que consciente o inconscientemente uno ha hecho y ha impedido aceptar la vida tal cual es. No sabemos qué dijo, ni qué pasó, pero al salir del templo su rostro reflejaba una serenidad y templanza que nadie le conocía.

Caminaba tan ensimismada que no se fijó y chocó con un señor joven que llevaba de la mano a una pequeña niña, como de unos siete años.

—Perdón —le dijo Karen.

—No, discúlpeme a mí. Se nota que soy el nuevo que anda perdido, ¿verdad? —le respondió.

—Para nada —le contestó ella, con una sonrisa de por medio. Le dio la bienvenida y el hombre le contó que estaba buscando una escuela para inscribir a su hija.

Karen, quien había leído de inmediato *te necesito* en el rostro de la pequeña, se ofreció a acompañarlos.

—La escuela se llama "Aquí y ahora" y está a unas cuadras, vamos —les dijo.

—¿De verdad, no es mucha molestia?

—No, lo hago con mucho gusto. Vamos.

Aunque pronto supo que aquel hombre se llamaba Claudio, Karen, de manera extraordinaria, no pudo leer nada más sobre su frente. Pronto él le confesaría que había enviudado. Para Karen, ese espacio en blanco representaba la oportunidad que ella ya conocía de escribir ahí lo que quisiera. Es decir, una segunda oportunidad.

Los dejó en la entrada de la escuela y les apuntó todos sus datos por si podía ayudarlos en algo más. Seguro volverían a verse, Hoy todavía es un pueblo pequeño y ya saben cómo son las mujeres de empeñosas cuando desean algo.

—Gracias —dijo la niña, en quien Karen no había reparado mucho hasta entonces. Cuando lo hizo, le recordó de inmediato a otra pequeña con los mismos ojos tiernos.

—No, muchas gracias a ti —le respondió y se abrazaron con dulzura.

Karen tenía guardadas todas y cada una de las cartas de Pablo; siempre fueron su secreto. Ni su madre ni la señora Maggín lo supieron nunca. Esa tarde las sacó de la cajita con llave donde las atesoraba. Las besó y luego las rompió en pedazos muy pequeños. Puso los papelitos en una ollita de barro y la puso al fuego en el jardín.

El humo llevaría ese beso de regreso al cielo, se lo entregaría a Pablo. Karen miró hacia arriba para seguir el curso del humo con la mirada y algo maravilloso sucedió. En el cielo mismo, en una gran nube blanca, ella pudo leer *gracias*.

Por años los habitantes de Hoy contarían esa leyenda de aquel 21 de abril, coincidencia o no, cuando todo

el pueblo pudo leer esa palabra clarita en el firmamento. No pocos creían que la tinta del mensaje venía directamente de la pluma de Dios.

Así aconteció esta mágica historia. Una fábula de las letras, un cuento de amor, un ejemplo de resiliencia. Pueden creer una parte o cuestionarla toda, pero lo que es innegable es que ella nos sirve para entender el claro tránsito del duelo en nuestra vida. Un proceso en etapas que se recorren y que están ahí para recorrerse y no para que nos estacionemos en ellas.

Descubrimos que con la ausencia del ser amado, la vida pierde temporalmente parte de su color, sabor y olor. Dejamos de habitar nuestra piel y como un cascarón hueco funcionamos y servimos pero desapegados de lo que una vez fuimos o lo que deseábamos llegar a ser. Le guardamos lealtad a un muerto pero nos somos infieles a nosotros mismos. Dejamos que el dolor ocupe el sitio de la esperanza.

Tras una pérdida, de la naturaleza que sea, le damos la espalda a la vida pero ella se abre camino y cuando así se lo permitimos sale como una hojita que se asoma tímida entre el asfalto de la calle para mostrarse verde y esperanzada y para recordarnos que la primavera existe. Viene con un claro mensaje: la mejor manera de vivir es Aquí y Ahora.

Fin

HARINA

RECETAS DE

Angélica Kratz

Pan de plátano (El Postre Rey)

INGREDIENTES PARA 12 PORCIONES:

4 huevos
1 taza de azúcar blanca cernida
1 barrita (90 gramos) de mantequilla derretida
4 plátanos Tabasco maduros (casi negros)
2 tazas de harina de trigo cernida
2 cucharaditas de bicarbonato de sodio cernido*

PREPARACIÓN:

1 Precalienta el horno a 180° centígrados y engrasa un molde para panqué.

2 Bate los huevos y el azúcar hasta que se esponjen. Agrégalos al vaso de la licuadora junto con la mantequilla derretida, los plátanos, la harina y el bicarbonato; licúa hasta obtener una mezcla uniforme.

3 Vierte la mezcla al molde previamente engrasado y hornea hasta que el pan se haya cocido (prueba meter un cuchillo y que salga seco) y la superficie se vea dorada, aproximadamente 45 minutos en un horno convencional.

* Los ingredientes secos van cernidos para que el pan quede muy esponjoso.

Pay de nuez con miel de maple

INGREDIENTES PARA 8 PORCIONES:

Costra
1 taza de harina de trigo cernida
1 barrita (90 gramos) de mantequilla suavizada
1 yema de huevo
2 cucharadas de agua helada
1 pizca de sal
1 cucharada de azúcar morena

Relleno
5 cucharadas de harina de trigo
1 ½ tazas de miel de maple
25 gramos de mantequilla derretida
2 huevos batidos
250 gramos de nuez de Castilla en trozos

PREPARACIÓN:

1 Para la costra, en un tazón amplio coloca la taza de harina formando un pozo en el centro. En este, agrega la mantequilla, la yema de huevo, el agua, la sal y el azúcar. Mezcla con un tenedor o dos cuchillos para no calentar la masa.

2 Forma una bola con las manos, métela en una bolsa de plástico y refrigérala durante 30 minutos.

3 Mientras, prepara el relleno. Mezcla la harina con la miel y bate hasta desbaratar los grumos, añade la mantequilla derretida y los huevos batidos.

4 Saca la bola de masa del refrigerador y acomódala en un molde para pay. Extiende encima una capa de nuez, vierte la mezcla del relleno y acomoda más nueces encima.

5 Hornea en el horno precalentado a 180° centígrados durante 30 minutos o hasta que la orilla de la pasta esté dorada.

Tarta de pera con almendras y relleno de crema pastelera

INGREDIENTES PARA 4 PORCIONES:

Masa brisé
1 ¼ taza de harina
1 pizca de sal
75 gramos de manteca fría y cortada en cubitos

Relleno
50 gramos de manteca
¼ taza de azúcar
2 yemas de huevo
¼ taza de harina
½ taza de harina de almendras
3 cucharadas soperas de crema pastelera
½ kilo de peras frescas o en conserva,
cortadas a lo largo y escurridas

PREPARACIÓN:

1 Para hacer la masa, tamiza la harina y la sal en un tazón grande. Añade la manteca y utiliza los dedos para frotar la harina hasta que la mezcla parezca pan rallado. Agrega dos cucharadas de agua fría. Con un cuchillo de hoja redondeada, revuelve para que la masa forme grumos. Amasa suavemente sobre una superficie enharinada hasta lograr una masa suave. Envuelve en papel plástico y enfría en el refrigerador durante 20 minutos.

2 Precalienta el horno a 190° centígrados y coloca una bandeja dentro. Sobre un molde para tartas desmontable de 24 cm previamente enharinado, estira la masa hasta cubrir la superficie. Pincha la base con un tenedor y déjalo enfriar durante diez minutos. Cubre la base de la tarta con papel encerado y coloca frijoles crudos encima (para darle peso). Mete el molde al horno, sobre una bandeja precalentada y cocina durante diez minutos hasta que la masa esté cocida y tenga un color dorado claro. Retira el papel y los frijoles, y hornea durante cinco minutos más.

3 Para hacer el relleno, mezcla la manteca y el azúcar en un tazón con una cuchara de madera. Incorpora las yemas de huevo, luego la harina normal y la harina de almendras. Coloca esta masa sobre la base de la tarta. Después, pon los trozos de pera sobre el relleno, presionándolos suavemente. Hornea durante 25 minutos hasta que tenga un aspecto dorado y firme. Permite que entibie a temperatura ambiente para desmoldar. Una vez que la tarta se haya enfriado, podrás servirla. Esparce la crema pastelera encima y disfruta.

El género del cuento le permite al niño, joven o adulto resolver su conflicto o duelo. En este caso, a partir de lo que el personaje de la historia trabaja y sana. A esto se le llama Biblioterapia, disciplina que toma a los libros como recursos terapéuticos. Es una herramienta de gran utilidad porque de manera muy sutil te pone frente a tu dolor, vestido en las ropas de otro. De esta manera te conviertes en un espectador de la correcta resolución del conflicto emocional.

Uno de los grandes temas que suele poner en jaque a los padres o maestros al tener que hablar de él es la muerte y la pérdida en general. En ocasiones no se sienten cómodos, pues tienen poca información y, por otro lado, generalmente poseen sentimientos involucrados en el caso. Un libro ayuda a expresar con las palabras correctas, con la intención adecuada y de la manera más protegida y amorosa posible lo que a ellos probablemente les costaría mucho trabajo decir.

Para esta historia no hay una edad lectora recomendada, sino un nivel de necesidad según las experiencias vividas. A partir de los diez años *La niña a la que se le vino el mundo encima* es una lectura que otorga lecciones de resiliencia y reintegración a la vida. El personaje principal vive una experiencia traumática y a partir de ella cambia primero para alejarse de quien era y amaba ser, para luego llegar a convertirse en la mejor versión de sí misma.

Cuando uno atraviesa un duelo pasa por diferentes etapas que van marcando el transitar de las emociones y la resolución de conflictos que la pérdida trae consigo. En la historia se marcan estas etapas de la siguiente manera:

- En el capítulo tres, "El sonido del gong" se ilustra el *shock* inicial y la etapa de negación en un duelo.
- En el capítulo cuatro, "Más rápido que la luz" Karen se enoja con las letras, se pelea con la vida y claramente podemos ver la segunda etapa del duelo: la rabia y el enojo dirigido hacia todos incluyendo ella misma.
- En el capítulo cinco, "La ortografía de la vida" se habla de que Karen fundó una asociación de ayuda a adultos mayores y que tenía ocupaciones altruistas, ejemplificando con esto la tercera etapa en el duelo que es la

negociación. En este transar con la vida el personaje principal había descubierto un nuevo sentido en el servicio a los demás.

- En el capítulo seis, "Una triste cita" se expresa la cuarta etapa del tránsito doloroso de la pérdida: la depresión, tristeza por la ausencia y añoranza de las ilusiones rotas.

- Finalmente, en el capítulo siete, "Aquí y ahora", se llega a la aceptación, quinta y última etapa en el proceso de duelo. En ella se acepta lo ocurrido no entendiéndolo como lo mejor que pudo haber pasado, sino simplemente aceptando la vida con los obstáculos y lecciones que nos presenta; recogiendo los pedazos de nuestro corazón roto para seguir adelante.

A continuación, enlisto algunas sugerencias para aprovechar al máximo este texto como reflexión, terapia o enseñanza:

1. Asuma el rol de lector en voz alta. Por ser un cuento largo debe leerse en episodios. La división en capítulos es algo que quien escucha agradece porque le da pausa y tregua para ir asimilando la información y desarrollando una relación con los protagonistas.

2. No le diga a quien escucha que el cuento es algo parecido a lo que le ocurrió. La historia debe lograr eso en

sí misma, generar empatía y vínculos. Un error común del lector oral es querer dar todo "masticado y en la boca", por decirlo de alguna manera. Eso impide que el oyente haga las conexiones necesarias en su cerebro y trabaje con las emociones para ir resolviendo en su interior su propia historia. Algo en el texto provocará la catarsis en él y ahí es donde el cuento deja de estar en el papel y alcanza el alma.

3. Al final de la historia haga preguntas que inviten a la reflexión y análisis grupal, si es el caso. Aquí enlisto algunos ejemplos:

a) La relación de Karen y Pablo duró poco tiempo, ¿qué es más importante: la intensidad de un vínculo o la duración del mismo?

b) ¿Con quién de los personajes de la historia te identificas y por qué?

c) ¿Te gustaría tener el don de Karen o qué otro atributo especial te gustaría poseer?

d) ¿Cuándo te das cuenta en la historia que Karen entiende lo que pasó y empieza a aceptar la vida tal y como es y no como le gustaría que fuera?

e) ¿Si tú pudieras crear la receta de un postre mágico, cuál sería y qué efecto tendría?

f) ¿Qué crees que pasa al final con Karen?

g) ¿Qué crees que le hubiera gustado a Pablo que pasara con Karen después de que él murió?

h) ¿A qué lugar te recordó Hoy y a qué ciudad te recordó Mañana?

Las preguntas abren temas de discusión, llevan el asunto a la vida propia del lector y a asegurarnos de que las lecciones de la Tanatología hayan alcanzado sus fibras más sensibles. La complicidad que se genera entre quien lee y quien escucha es maravillosa, pues repara cualquier relación, conecta y fortalece alianzas.

El libro no pretende remplazar al terapeuta o tanatólogo. Sin embargo, puede ser luz y guía en procesos dolorosos y una catarsis para expresar con lágrimas u otras manifestaciones aquello que pudo haberse bloqueado por el *shock* inicial de una noticia fuerte.

La fábula, género al que pertenece este relato, deja tras de sí una moraleja, una enseñanza. No importa en qué año o en qué país se desarrolla *La niña a la que se le vino el mundo encima*, ya que esta historia se lleva a cabo en el corazón y en ninguna otra ubicación geográfica. El tiempo es el hoy, el nombre del pueblo.

El cuento es el espejo que nos hace mirar que un duelo siempre es una historia de amor. No sólo de amor por el ser querido que falleció o no está, sino también por nosotros mismos. Esta historia en particular es una herramienta que no olvidarás, pues todos hemos sentido alguna vez que el mundo se nos ha venido encima y al recordar este libro sabrás que puedes salir victorioso de cualquier adversidad.